GERONIMO
STILTON

Geronimo Stilton
Ratón intelectual,
director de *El Eco del Roedor*

Tea Stilton
Aventurera y decidida,
enviada especial de *El Eco del Roedo*

Trampita Stilton
Pillín y burlón,
primo de Geronimo

Benjamín Stilton
Simpático y afectuoso,
sobrino de Geronimo

QUERIDOS AMIGOS Y AMIGAS ROEDORES, BIENVENIDOS AL MUNDO DE

Geronimo Stilton

EL ECO DEL ROEDOR
REDACCIÓN

Geronimo Stilton

UN RATÓN EN ÁFRICA

DESTINO

Textos de Geronimo Stilton
Inspirado en una idea original de Elisabetta Dami
Dirección artística: Iacopo Bruno
Cubierta de Roberto Ronchi (diseño) – Christian Aliprandi (color)
Diseño gráfico: Andrea Cavallini / theWorldofDot
Ilustraciones páginas iniciales y finales: Roberto Ronchi (diseño) y Ennio Bufi MAD5 (diseño pág. 123), Studio Parlapà y Andrea Cavallini (color)
Mapa: Andrea da Rold (diseño) y Andrea Cavallini (color)
Ilustraciones de la historia de Danilo Loizedda (diseño), Daria Cerchi y Serena Gianoli (color)
Coordinación artística de Roberta Bianchi
Asistencia artística de Lara Martinelli y Andrea Alba Benelle
Diseño gráfico de Michela Battaglin

Dedico este libro de todo corazón a Idah y a todas sus amigas que viven en Zambia. Y a Mary Fisher, gran amiga y mujer extraordinaria, que ha sido capaz de realizar un sueño maravilloso, ¡el fantástico proyecto ABATAKA!

Título original: *Un topo in Africa*

Destino Infantil & Juvenil
infoinfantilyjuvenil@planeta.es
www.planetadelibrosinfantilyjuvenil.com
www.planetadelibros.com
Editado por Editorial Planeta, S. A.

Primera edición: septiembre de 2016
Segunda impresión: mayo de 2018
ISBN: 978-84-08-15939-1
Depósito legal: B.11.071-2016
Impreso en España - Printed in Spain

El papel utilizado para la impresión de este libro es cien por cien libre de cloro y está calificado como **papel ecológico**.

UN DÍA DECIDIDAMENTE «NORMAL»... ¿¿¿O TAL VEZ NO???

Queridos amigos **roedores**, aquella calurosa mañana de **agosto** parecía una mañana de lo más

NORMAL,

NORMALÍSIMA,

INCLUSO NORMALISÍSIMA...

y, sin embargo, me sucedió de todo, ¡lo que se *dice* de todo!

Aquella mañana, estaba en mi despacho de *El Eco del Roedor*. Ah, se me olvidaba presentarme: me llamo Stilton, *Geronimo Stilton*, y soy el **director** de *El Eco del Roedor*, ¡el periódico más famoso de la Isla de los Ratones!

Estaba sentado frente a mi escritorio, ante mi ordenador, tenía que empezar un nuevo libro y estaba *realmente* INDECISO.

—Mmm, mmm, mmm... ¿y ahora, qué? ¿Qué podría escribir? ¡Bueno! ¡Uh! ¡Vete a saber! ¿Una novela negra? ¿Un relato histórico? ¿Un libro de chistes? ¿O tal vez un libro de aventuras? —me preguntaba.

Resumiendo, queridos amigos y amigas, supongo que ya lo habréis entendido:

¡Estaba *totalmente* INDECISO!

¡Estaba *decididamente...* INDECISO!

Me estaba rascando *confusamente* la cocorota por la INDECISIÓN, cuando la puerta se abrió de par en par y entró en mi despacho un roedor fortachón, de **pelaje** plateado cortado a cepillo, anteojos de acero y aspecto DECIDIDO, ¡qué digo, DECIDIDÍSIMO! ¡Era mi abuelo, Torcuato Revoltosi, alias Panzer! Abrí los **OJOS** como platos: ¡en lugar de su traje habitual, llevaba un uniforme completo de explorador, con sombrero de ala ancha! ¡Y agitaba un **MAPA** de África!

El abuelo Torcuato, con su traje de siempre

Lo saludé atónito:

—¡Buenos días, abuelo! **Ejem**, ¿por qué vas vestido de un modo tan DECIDIDAMENTE aventurero?

El abuelo Torcuato con atuendo de «aventurero»

El abuelo Torcuato de joven

... en las minas del Klondike...

... con las pirañas, en el río Amazonas...

... dando la vuelta al mundo en un velero...

Él **rio** y dijo:

—¡Porque *soy* «aventurero»! ¿Nunca te he contado cuando encontré oro en las minas del **Klondike**... o cuando estuve a punto de ser devorado por las pirañas en el río Amazonas... o cuando di la vuelta al mundo en un **velero**...?

Yo carraspeé:

—Sí, abuelo, ya me lo has contado. Ejem, y ahora, si me disculpas, no quisiera parecer descortés, pero tengo que ponerme DECIDIDAMENTE a trabajar. Estoy INDECISO sobre el tema de mi nuevo libro y...

El abuelo **bramó**, haciendo vibrar todos los cristales de *El Eco del Roedor*:

—¡Nietooo! ¡DECIDIDAMENTE, necesitas una AVENTURA! ¡Te pasas el día en esa silla, la única gimnasia que haces es teclear con los dedos, tic tic tic! ¡Ah, pero ya me encargaré yo de sacarte el MOHO de los bigotes! ¡Te desenmoheceré! ¡Ya lo creo que te desenmoheceré! ¡Te enseñaré el significado de la palabra AVENTURA, haré de ti un **verdadero ratón**, palabra de Torcuato Revoltosi!

Me escrutó por encima de sus gafas y anunció:

—Ahora debo darte una noticia buena y otra mala, ¿cuál quieres primero? ¿La BUENA o la MALA...? ¿Buenaaa o malaaa... buenaaa o malaaa? —y luego gritó—: La noticia buena: ¡estoy a punto de regalarte un hermosísimo, interesantísimo, apasionantísimo viaje a ÁFRICA!

¡YO LO PAGO TODO!

—¡Oh, gracias! —grité emocionado—: ¡Un viaje a ÁFRICA, qué bien, África es maravillosa! ¡Y tal vez podría escribir un libro muy interesante sobre una AVENTURA como ésta! Abuelo, ¿y cuál es la mala noticia?

Él rio bajo los bigotes y dijo:

—La mala noticia: ¡partes enseguida! ¡Y cuando digo ENSEGUIDA, es E-N-S-E-G-U-I-D-A!

¡ENSEGUIDAAAAAAA!

Yo grité:

—¿QUÉ? ¿QUÉÉ? ¿QUÉÉÉ? ¿QUÉÉÉÉ?

No tuve tiempo de decir nada más: me cogió de una **oreja** y me arrastró fuera de *El Eco del Roedor*…

¡TODO PARA UNA AVENTURA... DE LO MÁS DURAAA!

El abuelo me llevó hasta una **estrambótica** tienda que vendía equipamiento de lo más **estrambótico** para vacaciones **estrambóticas**, y que se llamaba

En la entrada, detrás de unas **HOJAS** de plátano, había... un **LEÓN**, que soltó un rugido en cuanto pasé:

¡GROARRRRRRRRRRR!

Mientras yo huía, desde arriba se descolgó sobre mi hocico una **araña** peluda con unas patas larguísimas, que me arrancó un grito:

—¡Aaaaah!

Y al instante me cayó encima una enorme **serpiente** de lengua bífida, y yo chillé:

—¡SOCORROOOOO!

Mientras trataba de liberarme, alguien canturreó:

—*¡Ji, ji, ji! Primito, eres un cabeza de* chorlito*... Primote, eres tonto de capirote... ¡El león, la ara-*

¡Je, je, je!

ña y la serpiente no tienen carne ni dientes! ¿Te ha parecido una experiencia dura? ¡Pues así empieza esta aventura!

¡Qué ridículo tan espantoso! ¡El león, la araña y la serpiente eran de mentira!

El autor de la tomadura de pelo era un ratón de cara **regordeta**... barriga **regordeta**, cola **regordeta**... hasta los bigotes los tenía **regordetes**... que se estaba zampando un bollo con triple de gorgonzola. ¡Por desgracia, lo conocía bien: era mi primo Trampita!

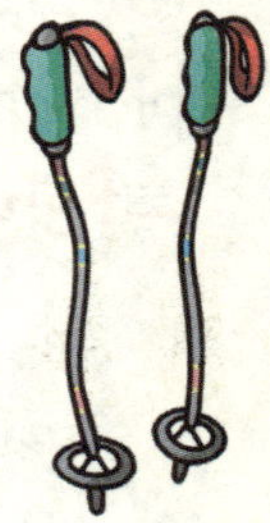

Iba vestido como mi abuelo, de **explorador**... ¡parecía su fotocopia, clavado clavado **clavado**, igual igual **igual**, idéntico idéntico **idéntico**!

El abuelo le dio una palmada en la espalda:

—¡Muy bien, Trampita, tú sí que eres un ratón aventurero, no como Geronimo, que está más ENMOHECIDO que un queso de gorgonzola rancio!

Trampita se atusó los bigotes y dijo:

—¡Gracias, abuelo, tú sí que entiendes de AVENTURAS! No como Geronimo, que está más enmohecido que la vitrina de la tatarabuela Ratuzola...

Mi primo Trampita me palpó los músculos, resopló y añadió:

—Pero... ¿lo conseguirá?

—Nooo, mucho me temo que Geronimo NO LO LOGRARÁ... —negó el abuelo con la cabeza.

Trampita canturreó:

—¡*Geronimo no lo logrará... la espichará la espicharáá la espicharááá... pero antes el testamento firmará firmaráá firmarááá... tralarááá... tralaríii!*

—¿QUÉ ES lo que no lograré? —grité yo exasperado—. ¿Y CUÁNDO la espicharé? ¿Y POR QUÉ debería firmar mi testamento?

El abuelo me agarró de una oreja, con aire severo:

—Porque ahora **TÚ**, Geronimo, vas a emprender **DE INMEDIATO** un viaje arriesgadísimo a África, y así te convertirás en un **VERDADERO RATÓN** (¡como tu primo y como yo!). ¡Y, además, cuando vuelvas (**SI** *es que vuelves, claro*) podrás escribir un libro de aventuras que será la bomba!

Trampita agitó un papel y canturreó:

—Geronimito, el viaje será peligrosito, de ahí lo del testamento, que escribirás al momento, y así, cuando la espiches, me dejarás...

¡Tu preciosa colección de cortezas del siglo XVIII!

Tu trenecito eléctrico (ese con el que jugábamos cuando éramos pequeños, ¿te acuerdas?). Me gusta ese tren...

¡Y también me dejarás TODO LO DEMÁS, es decir, si me quieres complacer, todo lo que posees quedará en mi poder!

—¡No quiero ir! —protesté.

El abuelo me cogió de una oreja y me espetó:

—¿Ah, sí? ¡Pues entonces recuperaré El **Eco del Roedor** y se lo confiaré a Trampita, que sí es un verdadero roedor!

—¡Gracias, abuelo! —gritó Trampita, satisfecho.
Preocupado, me apresuré a decir:
—Ejem, estaba bromeando, ¡quería decir que partiré enseguida!
—¿Lo ves, Geronimo? —vociferó el abuelo—. ¡Ya estás mejorando, te estás DESENMOHECIENDO! ¡Tal vez, digo *tal vez*... e insisto: *tal vez tal vez tal vez*, cuando regreses de este viaje ya seas un verdadero ratón!
Me puso un SOBRE en la mano:

—¡Nieto, no lo abras hasta que llegues a ÁFRICA, y ahora ve y sacúdete el MOHO, que la aventura te espera!
Mi primo me guiñó un ojo y canturreó:
—*Geronimo, a África ahora te irás, ¿quién sabe si regresarás, o si por el camino la espicharás? Tralarí tralará, ¿y* El Eco del Roedor *de quién será?*

¡TODOS LOS AMIGOS DE… GERONIMO STILTON!

El abuelo Torcuato sólo me dio una hora para prepararme.

Corrí a casa y me pegué al móvil para pedirles a todos mis amigos que me acompañasen a África… pero, uno tras otro, ¡**TODOS** me dijeron que **NO**!

Justo entonces sonó mi móvil: ¡RING!

Era un MENSAJE de Tenebrosa Tenebrax, mi *(casi)* **PROMETIDA** (¡en el sentido de que quiere casarse conmigo, pero yo no estoy de acuerdo!).

Ella sí que me acompañaría, ya lo creo, pero era la única a quien **NUNCA** se lo pediría…

Tenebrosa Tenebrax es la periodista más famosa del Valle Misterioso y la (casi) prometida de Geronimo.

Al final, desesperado, se lo propuse a mi *fidelísima* asistenta, la señora Frotafriega, pero ¡ella también me dijo que no!

—Al menos prométame que se ocupará de Aníbal, mi querido pececillo… ¡en caso de que yo la espiche durante el viaje! —le SUPLIQUÉ.

Ella se puso la pata derecha sobre el **CORAZÓN** y dijo:

—¡Tranquilo, señor Stilton, si usted la espicha en África, yo me haré cargo de Aníbal!

¡¿Hola?!
TÍA LUPA
... Te acompañaría, pero pronto será mi aniversario de boda...
METOMENTODO
... Te acompañaría, pero debo llevar a la abuela al callista...
... Te acompañaría, pero estoy enfermo...
CHOCOCOCO
... Te acompañaría, pero estoy inventando una nueva tarta de chocolate...

PATTY SPRING
... Te acompañaría, pero soy alérgica a los mosquitos...
TÍO MILORDO
... No pienso gastar energías yéndome de viaje...
HIENA
... Contestador automático de Hiena: no estoy, deja tu mensaje...
TEA STILTON
... Te acompañaría, pero ya estoy viajando por el río Amazonas...
LA SEÑORA FROTAFRIEGA
... Le acompañaría, pero he de hacer de testigo en una boda...

Ya estaba a punto de salir para el aeropuerto, con la moral por los suelos, cuando me llamó mi abuelo:

—¡Geronimo, viajar en avión no tiene nada de aventurero! ¡Tomarás un BARCO y te pasarás un montón de días viajando por mar hasta llegar a ÁFRICA! ¡Sal pitando hacia el puerto, pero a pie, así prepararás los músculos para el viaje! ¡El barco está a punto de partir, nieto MOHOSO! ¡Yo te desenmoheceré, te quitaré el moho de los bigotes! ¡¡¡Voy a hacer de ti un VERDA-

DERO RATÓN, palabra de **TORCUATO REVOLTOSI**, alias Panzer!!!

Muy *agobiado*, me cambié, corrí al puerto y fui el último en subir al barco, cuando ya estaba a punto de zarpar.

En cuanto subí a bordo, empecé a **MAREARME** y me fui poniendo…

1. ¡BLANCO COMO UNA SÁBANA!

2. ¡AMARILLO COMO UN LIMÓN!

3. ¡VERDE COMO UN LAGARTO!

4. ¡ROJO COMO UNA GAMBA!

5. ¡VIOLETA COMO UNA BERENJENA!

6. ¡EN RESUMEN, TENÍA EL ESTÓMAGO VUELTO DEL REVÉS COMO UN CALCETÍN!

¡¡¡BLUURP!!!
¡Oh, qué mareo
tan terrible!

¡ÁFRICA, AL FIN!

En cuanto el barco **atracó** en el puerto, bajé corriendo y besé el suelo que acababa de pisar.

—¡TIERRAAA!

Por fin iba a acabarse el mareo…

Miré a mi alrededor, esperando que alguien hubiera ido a recibirme al puerto de La Goleta…*
Pero ¡no había NADIE NADIE NADIE!

¡Fue entonces, justo entonces, exactamente entonces, cuando empecé a preocuparme **DE VERDAD**!

Queridos amigos y amigas, ejem… soy un ratón bastante *cagueta*… y al comprender que estaba a punto de iniciar aquella aventura en África **yo solo**,

OS BIGOTES COMENZARON A ZUMBARME DEL CANGUELO...

* *Pequeña ciudad portuaria a 10 km de Túnez capital.*

Con las PATAS temblándome de nervios, abrí el sobre que me había dado el abuelo.

¡Dentro, había unas llaves en un llavero en forma de calavera!

Y una CARTA...

Cuando acabé de leerla, suspiré, resignado.

Luego salí arreando hacia el aparcamiento número 13 bis del puerto de La Goleta.

Y entonces lo vi... sobre todo porque... ¡era imposible no fijarse en él!

Era un extraño automóvil todo pintado de verde. En uno de los laterales estaba escrito:

¡TODO PARA UNA AVENTURA... DE LO MÁS DURAAA!

Estaba cargado hasta los topes de material de supervivencia. ¡Era el SUPERTRAMP, el súper auto para aventuras inventado por mi primo Trampita!

Ratonia, 15 de agosto

Nieto,

Si estás leyendo estas palabras quiere decir que has **LLEGADO CON VIDA A ÁFRICA**.

¿Estás listo para la aventura?

¿Estás por fin dispuesto a sacudirte el moho de esos bigotes enmohecidos que tienes?

En el aparcamiento hallarás una **sorpresa**, que Trampita ha diseñado especialmente para ti: ¡el **SUPERTRAMP**, un super auto para vivir las aventuras más trepidantes **EN ÁFRICA**!

¡Debes aprender a viajar como un ratón aventurero! ¡Si no, no habrá modo de librarte de todo ese moho que llevas encima!

¡Y ahora en marcha, y que la **AVENTURA** te acompañe!

Firmado
Abuelo Torcuato
(el aventurero)

POR CIERTO: éstas son las **llaves** del Supertramp, que está aparcado en el aparcamiento número 13 bis del puerto de La Goleta.

ATENCIÓN: ¡en el coche hallarás otro **SOBRE**!

El SUPERTRAMP

El SUPERTRAMP tiene todo lo necesario para situaciones de emergencia, ¡e incluso más! ¡¡¡Sólo tiene un defecto, todo se rompe sin parar!!! Pero eso aún no lo sabía… ¡Para mi desgracia, no tardaría en descubrirlo!

QUÉ BOCHORNO HACE EN EL DESIERTO DEL SAHARA...

En el parabrisas del **SUPERTRAMP**, metido bajo las escobillas, encontré otro sobre para mí. Dentro había: un **mensaje** de mi abuelo... un mapa de África... ¡y una vieja brújula de latón!

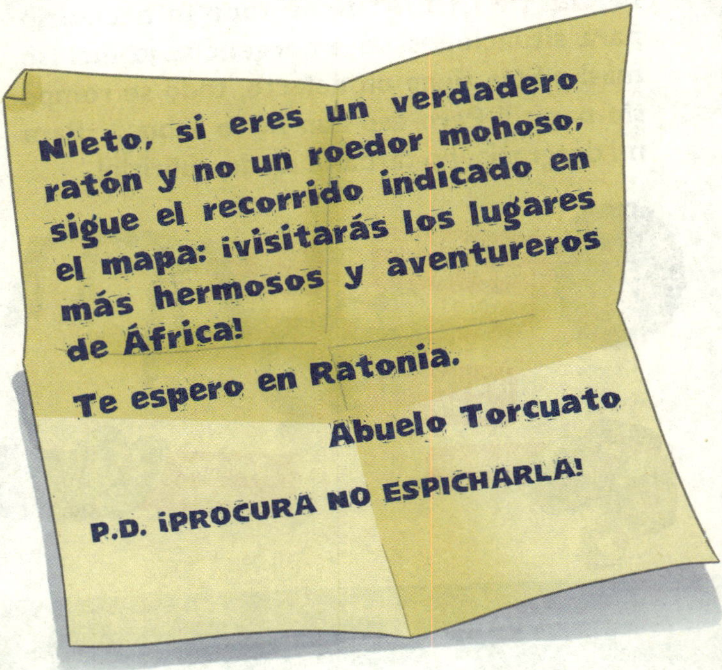

LA GOLETA
Mar Mediterráneo
DESIERTO DEL SAHARA
Mar Rojo
PARQUE NATURAL DEL SERENGUETI
Océano Atlántico
SELVA DE ZAMBIA
CATARATAS VICTORIA
Océano Índico

Muy preocupado, estudié el itinerario: tendría que atravesar todo el desierto del Sahara… ¡QUÉ CALOR HARÍA!

Después, tendría que explorar el Parque Natural del Serengueti… ¡CUÁNTOS LEONES HABRÍA!

A continuación, tendría que viajar por la selva de Zambia… ¡Cuántos mosquitos encontraría!

Finalmente, tendría que descender por el río Zambeze…

¡hasta las cataratas Victoria!

Por mil bolas de queso, ¡CUÁNTOS COCODRILOS HABRÍA!

Sabía que debía convertirme en un ratón aventurero, ¡PERO NO ME SENTÍA AVENTURERO EN ABSOLUTO!

¡A saber si podría lograrlo! ¡Uf! Justo entonces sonó mi móvil: ¡RING! Era un mensaje de TENEBROSA TENEBRAX... Resignado, subí al SUPERTRAMP. Traté de conectar el navegador por satélite, pero ¡no funcionaba! Encima del navegador habían pegado una nota con CINTA ADHESIVA:

¡Si realmente eres un ratón aventurero, no necesitas el navegador!
Y RECUERDA...
... ¡PROCURA NO ESPICHARLA!

Tu primo Trampita

Murmuré resignado:

—¡Vale, eso quiere decir que he de usar la brújula!

Pero en cuanto la cogí, vi que estaba rota: ¡la aguja giraba giraba giraba como una peonza!

Desesperado, le pregunté a un transeúnte:

—Ejem, disculpe, ¿para ir al SAHARA, qué camino debo tomar?

Él me miró como compadeciéndose de mí.

—¡Por allí, bobalicón! ¡Dirígete siempre al sur y procura no espicharla!

Colorado de vergüenza, partí a toda VELOCIDAD, y no me detuve hasta que enfilé la carretera que se adentraba en el desierto.

Circulé por pistas cada vez más solitarias... inhóspitas... y desoladas... viajé durante horas y horas... ¡hasta que llegué al corazón del DESIERTO DEL SAHARA!

Hacía calor, ¡mucho muucho muuucho calor!

¡¡¡Y me sentía **SOLO, MUY MUUY MUUUY SOLO**!!!

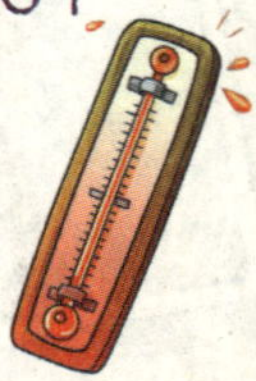

¡¡¡De hecho, no había **NADIE NAADIE NAAADIE**!!!

Para distraerme, hice un montón de fotografías a los animales del desierto. Me dije: «Cuando regrese, bueno, *si* regreso, las incluiré en mi libro...»

EL DESIERTO DEL SAHARA

Es uno de los lugares más fascinantes e inhóspitos del planeta; su nombre «Sah'ra», en árabe significa «vacío, desierto». Se encuentra en África septentrional y es el más grande de los numerosos desiertos que hay en el mundo. El paisaje del Sahara es variado: puede ser pedregoso (serir), cubierto de rocas pulidas por el viento (hamada), o arenoso, con dunas modeladas por el viento (erg). De día hace mucho calor, mientras que por la noche la temperatura baja bruscamente y puede descender hasta bajo cero.

¡Aquí un simpático DROMEDARIO!
¡El AVESTRUZ me ha robado el sombrero!
¡La COBRA egipcia, qué canguelo felino!
¡Y aquí, un ANTÍLOPE del Sahara!
¡Y la GACELA dorcas!
¡Qué mono, este FÉNEC!

¡Un ejemplar
de VARANO!
¡La temible
VÍBORA CORNUDA!
¡Un ESCORPIÓN
del desierto!
¡Un ADAX de espléndida
cornamenta!
¡El GUEPARDO
del Sahara!

¡¡¡AYUDA A GERONIMO A NO PERDERSE POR EL CAMINO!!!
SALIDA

LLEGADA

BRRR... PERO ¿¿¿DÓNDE ESTÁ LA RUEDA DE RECAMBIO???

Conduje arriba y abajo, arriba y abajo, arriba y abajo por las dunas del DESIERTO del Sahara, tratando de no desviarme del camino.

Queridos amigos, puede que no me creáis, pero estaba tan concentrado tratando de no perderme, que no vi una piedra puntiaguda, justo en medio de la pista… una rueda reventó… el SUPERTRAMP dio un bandazo, volcó, dio una vuelta de campana y yo acabé cabeza abajo…

¡BAAAANG!

¡Menudo testarazo! ¡Me salió un chichón de formato gigante!

La carrocería estaba tan caliente que cuando la toqué grité: «¡Aaah!»

Iba a necesitar la RUEDA DE RECAMBIO. Entonces alargué la pata para abrir el capó, y en cuanto toqué la superficie metálica, grité a pleno pulmón:

—¡Aaaaah!

¡QUEMAAAA!

¡La carrocería estaba tan caliente, que encima de ella se podría haber frito un HUEVO!

Dentro del capó hallé de todo, menos... la cosa más importante: LA RUEDA DE RECAMBIO.

¡Bajo el capó hallé de todo, menos la rueda de recambio!

—¡Ay, ay, ay, estoy metido en un buen aprieto! —grité desesperado.

¡Sí, amigos míos, me hallaba en un buen aprieto!

Estaba solo en el desierto, con un neumático destrozado y sin RUEDA DE RECAMBIO, el sol que caía a plomo me derretía el cerebro y el aire era tan caliente que cuando respiraba sentía como si los pulmones se me achicharrasen... Sí, aquello era una verdadera

¡EMERGENCIA!

¡¡EMERGENCIA!!

¡¡¡EMERGENCIA!!!

Desesperado, me puse a rebuscar por el vehículo y encontré una maleta que ponía:

¡ABRIR SÓLO EN CASO DE EMERGENCIA!

Dentro había una caja que decía:

QUESO DE EMERGENCIA.

Me relamí los bigotes: ¡slurp! Pero en cuanto la abrí, sólo hallé una tarjeta que ponía: «¡Lo siento, primo, el queso estaba **REALMENTE** delicioso, no he podido resistir la tentación y me lo he zampado!».

También tenía una sed tremenda, así que traté de dar con la **cantimplora**, pero estaba vacía...

Encontré un bidón que decía AGUA DE EMERGENCIA en el portaequipajes, **PERO** también estaba vacío... ¡y lleno de Ⓐ Ⓖ Ⓤ Ⓙ Ⓔ Ⓡ Ⓞ Ⓢ!

Cada vez más preocupado, rebusqué en la

MALETA DE EMERGENCIAS

y hallé:
-un saco de dormir… PERO ¡lo habían roído las polillas!
-una tienda… PERO ¡estaba toda descosida!

-una caja de herramientas... **PERO** ¡faltaban el martillo, el destornillador y los alicates: sólo había clavos!
-un botiquín... **PERO** ¡con todos los frascos vacíos!
Me zumbaban los bigotes bigotes bigotes bigotes de la desilusión.
Y entonces grité, **LLORANDO** a mares:
—¡Socorrooo, no quiero espicharla en África!

¡¡¡ME SENTÍA TAN SOLO!!!

Además, justo en ese momento, se estaba levantando un viento fortísimo...

Seguí rebuscando y me di cuenta de que en la maleta de emergencias había también un **MANUAL DE SUPERVIVENCIA**, pero, pobre de mí, eran consejos que sólo Trampita podría dar...

CONSEJOS de TRAMPITA STILTON para SITUACIONES DE EMERGENCIA

¡Si estás leyendo esta página, te hallas en una situación de **emergencia**!
¿Estás seguro de que se trata realmente de una emergencia?
¿No estarás **exagerando** como de costumbre?
¿Qué habrás hecho esta vez para meterte en líos? ¡Eres el mismo **bobalicón** de siempre! ¡¡¡Y ahora seguro que esperas que yo resuelva todos tus problemas!!! ¿Pues sabes que te digo?
¡APÁÑATELAS!
Sácate el moho de encima tú solo: ¡que tienes más moho en los bigotes que una momia egipcia! Eres el rey de los **mohosos**, ¿no te lo había dicho nadie?
Pero como hoy me siento generoso, voy a regalarte (¿ves qué bueno soy?) unos cuantos consejos de emergencia (¿me darás las gracias al menos, primo?).

CONSEJOS de EMERGENCIA

1 Si tienes **SED**, bebe, te sentará bien, pero después no te lamentes si te quedas sin **agua**, eso querrá decir que te la has bebido toda, ¡podrías haberlo pensado antes, **por mil quesos de bola**!

2 Si tienes **CALOR**, date aire con un **abanico**. ¡Si sigues teniendo calor, abanícate con más fuerza!

3 ¡Si tienes **FRÍO**, tápate! ¡Si sigues teniendo frío, tápate más, y no te **lamentes** tanto, tontorrón! Si no tienes nada con que taparte, peor para ti, ¡así aprenderás a organizarte mejor la próxima vez, **tontaina**!

ABC DE LA AVENTURA

A de... ¡Aventuras... de las duraaas!
B de... ¡Buena te va a caer como te pierdas, mendrugo!
C de... ¡Comida para cocodrilos!
D de... Deberías haberlo pensado mejor antes de partir, ¡apáñatelas como puedas!
E de... ¡Explora explora explora! ¡Espabila espabila!
F de... ¡Falta mucho camino por recorrer, estate atento! ¡Y sácate el moho de encima!
G de... ¡Gánate el honor de ser un verdadero ratón!
H de... ¿Has probado a sacudirte el moho esta mañana? ¿Nooo? ¡Pues desenmohécete ya, so mohoso!
I de... ¡Igual la espichas, como no te esfuerces!
L de... ¡Los he visto con menos moho en los bigotes!
M de... ¡Muévete, mohoso, la aventura no espera!
N de... ¡Nooo, aún no te has desenmohecido lo bastante!
O de... ¡Ojo, que te vas a pillar la cola!
P de... ¿Podrías quejarte menos?
Q de... ¡Qué larga es esta lista, uf!
R de... ¡Resiste resiste resiste!
S de... ¡Sal corriendoooooooooo!
T de... ¡Te lo dije: no seas caraqueso!
U de... ¡Una de dos: o avanzas, o la espichas!
V de... ¡Vas a tener que apañártelas sin ayuda!
Z de... ¡Zoquete, te has equivocado de caminoooooo!

Queridos amigos y amigas, aunque no lo creáis... ¡lo peor aún estaba por llegar!

De hecho, entonces, justo entonces, mientras estaba **LEYENDO** el inútil Manual de Supervivencia de Trampita, el **viento** se volvió cada vez más impetuoso y ardiente...

—¡AAAAAH! —grité—, una tormenta de arena! ¡Soy un ratón acabado! ¡La espicharé!

¡RESUMIENDO, ESTABA A-TE-RRO-RI-ZA-DO!

E hice algo propio de un auténtico cretino… ¡En lugar de resguardarme, decidí echar a andar en busca de **ayuda**!

Con la lengua fuera a causa de la sed, empecé a gatear a lo largo del desierto, con la esperanza de dar con un **oasis**, pero al cabo de poco me desmayé...

¡TUAREG!

Me desperté porque alguien o alguna cosa me estaba lamiendo los bigotes.

¡SLAP! ¡SLAPP! ¡SLAPPP!

Abrí los ojos y…

… ¡queridos amigos y amigas, no lo vais a creer!

¡Me encontré ante el morro de un dromedario, que me estaba lamiendo con su enorme lengua! Alcé la cabeza, y vi que montado en el dromedario había un enigmático roedor… de porte orgulloso, con la cabeza envuelta en un pañuelo azul… Era… ¡un TUAREG!

¡SLAP!
¡SLAP!
¡SLAP!
¡¡¡Arg!!!

Me **MIRÓ** con aire impenetrable, y a continuación me preguntó en su lengua:

—*¿Issem n nek?* (¿Cómo te llamas?)

Yo murmuré con un hilo de voz:

—Me llamo Stilton... Geronimo Stilton...

Él se bajó del **DROMEDARIO** y me pasó una cantimplora llena de agua.

—Yo soy *Amestan*, que significa «el que protege». Soy el jefe de esta **CARAVANA** tuareg.

Bebí con avidez, dando largos tragos.

LOS PUEBLOS DEL DESIERTO

A pesar de ser un lugar inhóspito, en el desierto del Sahara viven distintos pueblos obligados a desplazarse constantemente en caravanas en busca de agua y comida: son los tebu, originarios del Sahara central, los tuareg, nómadas originarios de Argelia y del Fezzan libio, y los bereberes que proceden de los oasis septentrionales.

Los TUAREG llevan siglos recorriendo los desiertos del Sahara con sus dromedarios. También se les conoce como «hombres azules» por la característica ropa azul que llevan para protegerse del sol y de la arena. Los tuareg viven en campamentos de tiendas, construidas con pieles de cabra, que las mujeres locales cosen con gran maestría.

CÓMO SE PONE EL SHESH

El SHESH es el tocado *tradicional* de los tuareg, una larga banda de algodón con la que se envuelve la cabeza y el cuello. Existen distintos modos de ponérselo, aquí os mostramos uno.

¡Ah, qué buena es el agua cuando se tiene sed! Luego, *susurré:*

—¡Gracias, me has salvado la vida!

El tuareg y sus compañeros estuvieron hablando un buen rato en voz baja de algo que no entendí, señalando mi **SUPERTRAMP**. Finalmente, Amestan dijo:

—Te ayudaremos, amigo: remolcaremos tu vehículo hasta el oasis más cercano.

Amestan me **ENVOLVIÓ** la cabeza con el **SHESH**, una larga banda de tela azul, para protegerme del viento del desierto.

Los tuareg me ayudaron a encaramarme en la silla de un dromedario.

Y la caravana partió…

¡GUAU, QUÉ AVENTURA!

¡Ah, qué orgulloso se habría sentido mi abuelo Torcuato, si hubiese podido verme!

Los secretos del misterioso Sahara

Los tuareg me acogieron en su caravana y, gracias a ellos, descubrí que el Sahara no es sólo dunas de ARENA y animales salvajes, sino muchas más cosas. ¡Cosas im-por-tan-tí-simas como... la hospitalidad, la amistad, las TRADICIONES y la HISTORIA!

Gracias a mis nuevos amigos atravesé (¡SIN ESPICHARLA!) la zona más salvaje del Sahara: la región del Teneré, que en su lengua significa «NADA»... Y, efectivamente... ¡allí no hay NADA de NADA de NADA!

Llegamos a la hora de la puesta de sol, cuando las dunas se tiñen de rosa y las sombras se vuelven más oscuras. En un instante la luz del sol se atenuó... empezó a anochecer y el cielo se convirtió en un manto de estrellas...

¡Queridos amigos y amigas, puede que no me creáis, pero en el desierto las estrellas brillan más! Y parecen cercanísimas: como si se pudieran tocar con la PATA...

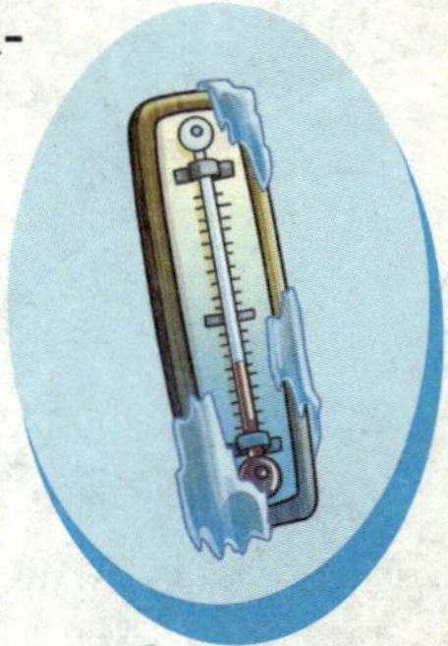

Yo me las quedé mirando encantado... pero los dientes me empezaron a CASTAÑEAR de frío: la temperatura había descendido bajo CERO.

¡BRRRRRRRRRRRRRR!
¡BRRRRRRRRRRRRRR!
¡BRRRRRRRRRRRRRR!

Por suerte, mis amigos tuareg encendieron un fuego CHISPORROTEANTE, alrededor del cual nos calentamos todos juntos, compartiendo amistad, comida y *schai* (que significa «té»).

¡Qué bonito estar alrededor del fueg
¡Un poco de té?
¡Gracias, amigos!

on los amigos, en una noche estrellada!
¡Vamos!

Los grafitos de Tassili, con escenas de caza: ¡hubo un tiempo en que en el Sahara vivían plantas y animales!

A la mañana siguiente reemprendimos el viaje y nos adentramos en el altiplano de Tassili.

Amestan me mostró unos misteriosos grafitos, dibujados por los antiguos habitantes del desierto. Me quedé sin palabras: ¡eran maravillosos!

¡Las montañas del Assekrem!

Siguiendo a los tuareg, llegué a las altísimas montañas del Assekrem, que se alzan majestuosas en medio del DESIERTO.

Y luego, finalmente, alcanzamos el oasis, donde podría reparar el SUPER-TRAMP.

Le di las gracias a Amestan:

—¡*Tanemmert* (gracias)! ¿Cómo podría demostrarte mi gratitud?

Él me sonrió y dijo:

—Me basta con haber encontrado un amigo.

La amistad es lo más valioso...

Respondí, conmovido:

—¡Gracias, Amestan, escribiré sobre ti en mi libro! Hablaré de tu pueblo generoso y hospitalario, y cómo nació nuestra amistad…

—¡*Ar akai* (hasta pronto)! —se despidió él—. Te regalo el *shesh*, consérvalo, y así te acordarás de mí.

A cambio, le di mi cantimplora.

Luego se marchó, y yo lo despedí agitando la PATA, hasta que la caravana desapareció en el horizonte…

EN LA TIERRA DE LOS LEONES... ¡GROARRRRRRRRR!

El mecánico reparó el SUPERTRAMP, poniéndole una extraña rueda que había sacado a saber de dónde.

Después cogió una especie de abrelatas **gigante** y retiró el techo, como si abriese una lata de **sardinas**. Esbozó una risita bajo el bigote y dijo:

—¡Felicidades, amigo, ahora tienes un vehículo descapotable!

No dije nada porque tenía **PRISA** por partir, pero ahora el Supertramp tenía un aspecto más **ESTRAMBÓTICO**... (¡¡¡además, para protegerme del sol, tuve que abrir una **sombrilla** que encontré en el Supertramp!!!).

Consulté el mapa: la siguiente etapa era el Parque Natural del Serengueti.

¡AAAAH! ¡POBRE DE MÍ!

¡Me hallaba a siete mil kilómetros de allí!

En ese momento **sonó** mi móvil: **¡RING!**

Era Tenebrosa... ¡Brrr, me había enviado una **FOTO** suya!

Viajé durante semanas... atravesé muchos muchos muchos países distintos, con distintos paisajes, distintas formas de vestir, distintas costumbres...

¡Fue un viaje IN-CRE-Í-BLE!

Por fin llegué a la sabana y me adentré en las polvorientas pistas que habrían de conducirme al corazón del PARQUE DEL SERENGUETI.

A mi alrededor, vi ñus y cebras pastando en inabarcables extensiones de hierba dorada, jirafas mordisqueando arbustos espinosos de acacia y gacelas que saltaban nerviosas al menor ruido...

¡Qué espectáculo!

En un momento dado, paré el coche porque, ejem...veréis... ¡tenía una **NECESIDAD**!

Una vocecita me decía: «¡No bajes, bobalicón, puede ser peligroso!». Pero la necesidad era **urgente**, más aún, ¡urgentísima! Así que bajé del coche y me oculté tras unas matas.

¡EN MALA HORA LO HICE!

¡Un grupo de babuinos empezó a **BOMBARDEARME** con todo lo que encontraban a mano!

—¡Aaaaaah! —grité, corriendo.

ORRÍ Y CORRÍ, PERSEGUIDO POR LOS BABUINOS...

EL PARQUE DEL SERENGUETI

En lengua masái, Serengueti significa «llanura sin fin», pero el Serengueti es mucho más: es magia, es misterio, ¡es uno de los lugares más salvajes del planeta! Comprende una inmensa área natural protegida en el corazón de Tanzania, cerca de la reserva nacional keniata Masai Mara y la reserva natural Ngorongoro (también dentro de Tanzania). La Unesco lo declaró Patrimonio de la Humanidad en 1981. Dentro de la reserva se organizan excursiones llamadas «safaris», en las que se puede ver y fotografiar animales en su ambiente natural.

¡Después, los BABUINOS no tardaron en cansarse de perseguirme y al fin se marcharon! Di MEDIA VUELTA para regresar al Supertramp, pero… ¡no lo veía por ninguna parte!

La hierba era tan alta, que sólo lograba divisar los cuellos de las JIRAFAS a lo lejos…

—Pero ¿cómo es posible que sea tan BOBO? —grité. Correr por la sabana, alejándome del coche…

¿POR QUÉ
POR QUÉÉ
POR QUÉÉÉ
LO HE HECHO?

¡Empecé a vagar de AQUÍ para ALLÁ buscando el coche, pero no lograba dar con él! La hierba era demasiado alta, los arbustos demasiado espinosos y yo... ¡demasiado bobo!

¡DE PRONTO SE HIZO EL SILENCIO!

Los pájaros dejaron de piar, las cigarras de hacer ruido, todo parecía haberse detenido. Y entonces oí un sonido terrorífico...

¡GROARRRR!

¡¡¡Era el rugido de un león!!!

Veloz como un rayo, trepé al primer árbol que vi y miré aterrorizado hacia abajo. Era un auténtico LEÓN... ¡y de los grandes! Y me miraba fijamente, relamiéndose los bigotes.

Aaaah, parecía APETECERLE mucho la carne de ratón…

Grité, desesperado:

—¡Socorrooo! ¡No quiero ESPICHARLA en la sabana!

El león apoyó sus PATAZAS en el tronco del árbol y empezó a sacudirlo para hacerme caer como una pera madura, lanzando espantosos rugidos…

¡GROARRRR!

¡GROARRRR!

¡GROARRRR!

Al próximo golpe de pata, el león me ENGULLIRÍA como si fuera una deliciosa golosina…

—¡Socorrooooo! ¡Salvadmeeee! —grité.

¡Socorroooooooooo!
¡GROARRRRR!

MIS NUEVOS AMIGOS MASÁI

Justo en ese instante, alguien gritó. Me volví y vi a un joven roedor masái, **ALTO** y esbelto, vestido con una tela roja, que empuñaba una lanza con determinación.

Atrajo la atención del león gritándole en lengua «maa», la lengua del PUEBLO MASÁI:

—¡*Ol-kurrukur!* (¡León!)

Y a continuación se puso a salvo.

El león, distraído por aquel GRITO, se olvidó de mí.

Al poco rato, el masái volvió a mi árbol y dijo:

—¡*O-sotuà!* (¡Amigo!). Me llamo *Leboo*, que significa «nacido libre en la SABANA». ¡Ya puedes bajar:

NO HAY NINGÚN PELIGRO!

Yo, que había permanecido todo el rato sujeto al árbol como un TONTO, pálido como un quesito pocho, POR FIN me decidí a bajar…

EL PUEBLO MASÁI

Orgullosos, tranquilos y valientes, los masái son un pueblo realmente especial. Viven en la frontera entre Kenia y Tanzania, y si bien en el pasado fueron pastores nómadas, ahora se dedican a la agricultura, además del pastoreo. El «shuka», la tela de color rojo con la que siempre se visten, es muy característico de esta comunidad.

Estaba verdaderamente admirado: ¡él sí que era valiente!

Naturalmente, a Leboo le resultó facilísimo encontrar mi SUPERTRAMP.

—¡¡¡Me has salvado la vida!!! —exclamé—. ¿Qué puedo hacer para agradecértelo?

Él me sonrió: no quería nada.

—¡Muchas gracias, Leboo! —dije yo—. Nunca te olvidaré.

Y Leboo me respondió:

—¡Amigo, ven a mi poblado! Quiero que conozcas a mi pueblo y nuestras tradiciones.

Leboo me hospedó en su cabaña y me presentó a su mujer, *Kiserian* (significa «la que lleva la paz») y a sus hijos. ¡Los niños me rodeaban muy felices, y yo me divertí jugando con ellos a perseguirnos!

Por la noche, alrededor del FUEGO, la abuela de Leboo, que se llama *Naisiae* (es decir «la que

rramos!
¡A ver si me pilláis!

siempre trabaja»), me contó muchas *intepen* (leyendas tradicionales), y en particular una fascinante historia masái, que hablaba del VALOR…

Tomé notas para no olvidarme, ¡así podría mencionarla en mi libro!

La más bonita hablaba precisamente de un roedor y un león, y de un valeroso guerrero masái…

¡QUÉ EMOCIÓN, AQUELLA HISTORIA HABLABA DE MÍ!

Había una vez un roedor,
que estaba haciendo un arriesgado viaje por África. Un día, mientras atravesaba la sabana, se acercó a una manada de gacelas. No se había percatado de que no muy lejos de él había un ferocísimo león acechándolo... A duras penas, logró trepar a un árbol, pero el león se lanzó hacia él...
Por suerte, cerca de allí, un guerrero masái vio la escena y acudió raudo en ayuda del roedor.
Alzó su lanza contra el león y logró ahuyentarlo.
Desde aquel día, ambos se hicieron grandes amigos.

OJOS DE LEOPARDO EN LA ESPESURA

A la mañana siguiente me despedí de mis amigos, mientras todos gritaban:

—¡*Oleseré!* (¡Hasta la vista!).

Leboo me dio un **manto** rojo y yo, **emocionado**, me lo puse sobre los hombros.

Le correspondí, regalándole mis gafas de sol:

—¡TE SERÁN DE UTILIDAD CON EL SOL AFRICANO!

Luego subí al Supertramp y retomé mi larguísima aventura. Abrí el MAPA del abuelo: me esperaba un largo trayecto hasta alcanzar la selva de Zambia y el río Zambeze, ¡hasta las míticas Cataratas Victoria!

El viaje fue largo, en la **SELVA** no hay carreteras, sólo pistas de tierra roja batida, llenas de baches, y el Supertramp botaba arriba y abajo… ¡con un terrible ruido de chatarra!

Yo pensaba: «Podría surgir un leopardo de entre los arbustos… ¡Una pitón podría despachurrarme como un flan! ¡Un murciélago podría morderme una oreja!».

Grité:

—¡NO QUIERO ESPICHARLA EN ÁFRICA!

LA SELVA DE ZAMBIA

Al norte de Zambia, en las zonas más lluviosas y a lo largo del río Zambeze, se extiende la selva ecuatorial, con una vegetación muy variada y exuberante. Los árboles llegan a alcanzar 80 metros de altura.

EL PAPAGAYO: posee un pico robusto y curvado, plumas multicolores y unas garras fuertes para trepar y poder agarrarse bien.
EL CHIMPANCÉ: vive en grupos numerosos y se alimenta principalmente de fruta, pero también le gusta la carne.
EL GUEPARDO: tiene las patas largas, estrechas y delgadas para correr a gran velocidad tras sus presas.
¡Qué canguelo felino!

Traté de seguir el mapa, pero en un momento dado tal vez giré a la DERECHA en lugar de a la IZQUIERDA, o tal vez a la izquierda en lugar de a la derecha, o tal vez seguí RECTO... vamos... ¡¡¡que me perdí!!!

Entonces oí un extraño «BANG»... Al principio no le presté atención... pero ¡poco después el Supertramp se detuvo! ¡Una piedra había AGUJEREADO el depósito de gasolina! Me había quedado seco...

¡Arg, estaba en un buen lío!

Empujé el Supertramp hasta que me salieron callos en las manos, me sudaban hasta los bigotes bigotes bigotes bigotes pero de pronto se abrió un claro en la vegetación y...

... ante mí apareció un río tan grande que parecía el mar: ¡el río ZAMBEZE!

EL ZAMBEZE

Este río, de 2.660 km de longitud, nace en Zambia y discurre por Angola hasta Mozambique, donde desemboca en el océano Índico. A lo largo de su curso se forman espectaculares cascadas, como las cataratas Victoria, que son las más famosas.

MOSI-OA-TUNYA... ¡HUMO QUE TRUENA!

El río Zambeze era realmente impresionante. ¿Cómo me las apañaría para vadearlo? Entonces vi que había muchos troncos de árboles secos por el suelo, y tuve una idea: ¡CONSTRUIRÍA UNA BALSA!

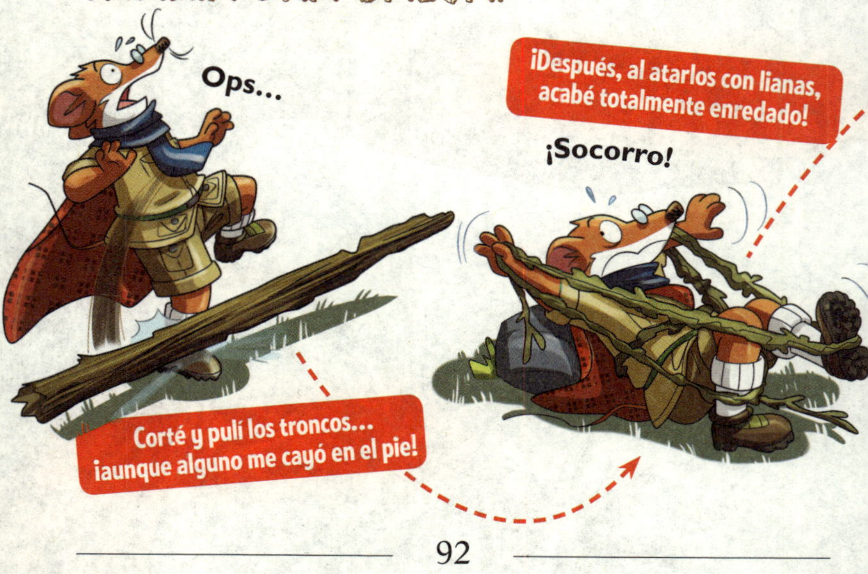

Luego con un machete, corté y pulí los TRONCOS, después los até entre sí con LIANAS. Cuando, al cabo de unas horas, mi balsa estuvo terminada, subí a bordo y cargué también el Supertramp. ¡Me sentí muy orgulloso! ¡Esta vez sí me había comportado como un VERDADERO RATÓN!

Lástima que no me viese mi abuelo... ¡él también se habría sentido orgulloso de mí!

Pero, por desgracia, el río se fue volviendo cada vez más impetuoso, con rápidos de agua espumeante... ¡y los nudos de las lianas empezaron a aflojarse!

En ese momento oí un ESTRUENDO lejano... Los rápidos se volvieron cada vez más turbulentos... A continuación vislumbré ante mí... ¡el VACÍO!

Y me precipité por las cataratas Victoria, gritando a pleno pulmón:

—¡SOCORROOOO, NO QUIERO ESPICHARLA EN ÁFRICAAA!

LAS CATARATAS VICTORIA

A lo largo del curso del río Zambeze, en la frontera entre Zambia y Zimbabue, surgen estas espectaculares cataratas, declaradas Patrimonio de la Humanidad por la Unesco en 1989. Conocidas localmente como Mosi-oa-Tunya (Humo que truena), el explorador David Livingstone las rebautizó como «Victoria».

IDAH Y SUS AMIGAS

Cuando volví en mí, todavía escupiendo agua, un *amable rostro* me estaba observando desde arriba.

Una muchacha me sonreía.

—Bienvenido a **Zambia**. Yo soy Idah, ¿y tú quién eres?

Detrás de ella se asomaron más rostros SONRIENTES.

Eran las amigas de Idah… que reían alegres.

—Toh, ¿quién habría dicho cuando fuimos a coger agua al río que acabaríamos pescando un roedor?

Eso me dio que pensar: en la ciudad estamos acostumbrados a abrir el GRIFO y tener toda el agua que queramos, pero en muchos países del mundo, para tener AGUA hay que caminar mucho hasta un río o un pozo. Cuando regresara a casa, lo recordaría y

¡PROCURARÍA NO DESPERDICIARLA!

A continuación, Idah y sus amigas me llevaron a su POBLADO, cantando a coro una alegre canción de bienvenida.

Entretanto, los otros habitantes del poblado habían recuperado el SUPERTRAMP, que estaba muy abollado y lleno de barro, lo que aún le daba un aspecto más aventurero… ¡A saber qué diría el abuelo si lo viera!

Por la tarde, observé a mis nuevas amigas: trabajaban TODAS juntas, alegremente, produciendo pulseras y collares con cuentas de colores.

¡Qué bonitas eran aquellas pulseras!

Sus múltiples colores transmitían alegría. Idah me regaló una pulsera, que me puse con orgullo; yo le di a cambio mi reloj.

—Gracias, cuando regrese a casa, hablaré de ti y de tus amigas en el libro que voy a escribir…

...on superratónicas!
¿Te gustan estas pulseras?

CÓMO FABRICAR UNA PULSERA con CUENTAS DE COLORES

NECESITARÁS: cuentas de colores, un cordel o hilo, aguja, tijeras, un broche para cerrar la pulsera.

1. **CORTA** la cantidad de cordel o hilo que vayas a utilizar para ensartar tus cuentas.
2. **DISTRIBUYE** las cuentas sobre una superficie plana, alternando los colores a tu gusto.
3. **ENSARTA** las cuentas con la ayuda de la aguja, de modo que la pulsera se ajuste perfectamente a tu muñeca.
4. **FIJA** el broche en los dos extremos para poder cerrar la pulsera.

¡Y estoy seguro de que tu pulsera les encantará a otros muchos **roedores** y **roedoras**, de Ratonia!

Idah y sus amigas me enseñaron el secreto para CONFECCIONAR ornamentos con cuentas de colores: es un trabajo laborioso, pero ¡los resultados son sensacionales!

¡ÑAM, QUÉ BUENOS LOS CIEMPIÉS ASADOS!

Por la noche, antes de mi partida, **Idah** y sus amigas quisieron agasajarme.

—**¡Te echaremos de menos, Geronimo!** Y para celebrar tu partida, prepararemos una cena es-

pecial africana para ti, así también podrás describirla en tu libro, cuando vuelvas a casa...

Frente a su CABAÑA, encima de un fuego, hervía una olla llena de una sémola blanca, llamada *enshima*. Idah empezó a MEZCLAR la sémola con un cucharón de madera.

—¡Vamos, ahora te toca cocinar a ti! Cocinar es un placer y, mientras lo hacemos, bailamos y cantamos...

¡MULANGHILÉ... MULANGHILAMONÉ!

—¡Adelante, mezcla! —me animó Idah—. Pero ¡no te olvides de bailar! Y al tiempo que bailas también debes cantar, ¿entendido? Canta conmigo: *¡mulanghilé... mulanghilamoné!* (Traducción: *¡mira cómo lo hago!*).

El resto de los habitantes del poblado nos hicieron coro, cantando alegremente:

—*¡Mulanghilé... mulanghilamoné!*

¡Bravo!
¡Viva!
¡Mulanghilé!
¡Mulanghilamoné!
¡Je, je,

Cuando acabé de mezclar, Idah dijo:

—¡La *enshima* está lista, a COMER!

Me acompañó a una gran estancia, en medio de la cual había un montón de cazuelas en el suelo, llenas de comida desconocida para mí, pero con un delicioso aroma.

Todos me observaban relamiéndose los bigotes, hasta que Idah me susurró:

—Come, Geronimo, todos te están esperando… según nuestra tradición, el invitado ha de comer primero.

Así pues, me serví una ración de cacahuetes y verduras: ¡qué sabor tan superratónico!

Luego, Idah me enseñó a formar una bola de *enshima*, presionando en el centro con el pulgar para hacer un hueco: así podía usarla de cuchara para recoger la **SALSA**. Probé todos los platos, incluido el último, que se llamaba *chinkuala*, es decir, **¡«ciempiés asados»!** ¡Bien, los probé, y puedo garantizaros que están muy ricos!

ISABI NA KATAPA
pescado seco con hojas de mandioca
IMIBU YA NAMA
albóndigas
IMBUSHI MU MUPUNGA
carne de cabra con arroz
NKHUKU MU CHIKASU
pollo al curry
MASUKU – MASAU MPUNDU – MABUNGO
frutas locales
CHINAKA
patatas con cacahuete molido
CHIKANDA
salchicha vegetariana
CHIBWABWA
hojas de calabaza con salsa de tubérculos
KALENBULA
hojas de boniato
CHINKUALA
ciempiés asados
TIKATIKA
pescaditos cocidos
IFISASHI
cacahuetes con verduras
SAMP
sémola con alubias
ENSHIMA
sémola blanca, que sustituye a nuestro pan

UN VERDADERO RATÓN... ¿¿¿O NO???

Cuando acabó la cena, mis nuevos amigos me acompañaron al aeropuerto, en Lusaka, la capital de Zambia.

Allí tomé un avión con destino a la Isla de los Ratones. ¡Era un avión de carga, de modo que el Supertramp pudo viajar conmigo!

Mientras el avión despegaba, me di cuenta de que ya sentía un poco de nostalgia.

El piloto lo notó, y me dijo sonriéndome:

—Se llama «mal de África»: cuando se ha estado una vez, se siente el deseo de volver, porque ÁFRICA es única, especial, y se queda en tu corazón...

Yo suspiré.
Tenía razón, apenas acababa de **PARTIR**, y ya no veía la hora de **REGRESAR**… Porque en África todo es una maravillosa aventura: la naturaleza *incontaminada*, los animales en libertad, la deliciosa comida…
Pero sobre todo… ¡quería **VER DE NUEVO** a mis muchísimos fantásticos nuevos amigos!

Cuando por fin llegué a Ratonia, subí al Supertramp y conduje hasta mi oficina.
Todos se volvían, fascinados, porque después de todas las modificaciones que le había hecho, el SUPERTRAMP había adquirido un aspecto muy aventurero... ¡aventurero como YO!
Aparqué delante de El Eco del Roedor y todos mis amigos y amigas vinieron a mi encuentro, gritando muy contentos:

—¡Geronimo, has vuelto!

A continuación, me dirigí a **MI** despacho, y cuando abrí la puerta vi a un ratón regordete sentado en **MI** silla, con los pies encima de **MI** escritorio, tecleando en **MI** ordenador, hojeando **MI** agenda y garabateando en ella con **MI** pluma favorita...¡mordisqueando **MIS** bombones al gorgonzola!

¡Era **MI** primo Trampita!

¡Trampita!
Pero ¿no la has espichado?

Él masculló DECEPCIONADO:

—¿Geronimo? ¡Has vuelto! Entonces, ¿no la has espichado en África?

Yo sonreí con **aplomo**:

—Lo siento, primo… No la he espichado en África. ¡He vuelto, y estoy a punto de recuperar **MI** despacho!

—Uf —**resopló**—, pensaba que sería el nuevo director de *El Eco del Roedor*… Lástima… otra vez será…

En ese momento entró en el despacho mi abuelo Torcuato, que me abrazó la mar de contento y dijo:

—¡NIETO, ERES UN VERDADERO RATÓN!

La nueva moda en la Isla de los Ratones

Mientras estaba telefoneando a Hiena, llegó mi hermana, Tea Stilton, la enviada especial de *El Eco del Roedor*.

En cuanto VIO mi pulsera de cuentas de colores, Tea gritó:

—¡Hermanito! ¿De dónde has sacado esta pulsera? ¡Yo quiero una igualita!

Todos se APIÑARON a mi alrededor, gritando:

—¡Yo quiero una!

—¡Yo también!

—¡Yo también la quiero!

—¡Esta pulsera es superratónica!

Me apresuré a telefonear a **Idah** y a sus amigas:

—¡Preparad **DIEZ**, no, **CIEN**, no, **MIL** pulseras y enviádmelas a Ratonia! ¡Todos quieren una, porque son **preciosas**!

Unos días más tarde, llegó a la redacción un paquete **postal** de Zambia con un montón de pulseras…

¿Queréis saber cómo acabó la cosa?

¡Desde ese momento, las **pulseras** de cuentas de colores de mis amigas de Zambia se pusieron de moda en toda la **Isla de los Ratones**!

¡Palabra de Stilton, Geronimo Stilton!

ÍNDICE

¡NO TE PIERDAS LOS LIBROS

ESPECIALES DE GERONIMO STILTON!

LOS PREHISTORRATONES

- ❒ 1. ¡Quita las patas de la piedra de fuego!
- ❒ 2. ¡Vigilad las colas, caen meteoritos!
- ❒ 3. ¡Por mil mamuts, se me congela la cola!
- ❒ 4. ¡Estás de lava hasta el cuello, Stiltonut!
- ❒ 5. ¡Se me ha roto el trotosaurio!
- ❒ 6. ¡Por mil huesecillos, cómo pesa el brontosaurio!
- ❒ 7. ¡Dinosaurio dormilón no atrapa ratón!
- ❒ 8. ¡Tremendosaurios a la carga!
- ❒ 9. Muerdosaurio en el mar... ¡tesoro por rescatar!
- ❒ 10. ¡Llueven malas noticias, Stiltonut!
- ❒ 11. ¡En busca de la ostra megalítica!
- ❒ 12. ¡Pulposauria glotona... peligra mi cola ratona!
- ❒ 13. ¡Por mil pedruscos... cómo apesta el globosaurio!

LOS COSMORRATONES

- ❒ 1. La amenaza del planeta Blurgo
- ❒ 2. La extraterrestre y el capitán Stiltonix
- ❒ 3. La invasión de los insufribles Ponf Ponf
- ❒ 4. Desafío galáctico en el último penalti
- ❒ 5. El planeta de los cosmosaurios rebeldes
- ❒ 6. El misterio del planeta sumergido
- ❒ 7. ¡Peligro, basura espacial!

TEA STILTON

- ❒ 1. El código del dragón
- ❒ 2. La montaña parlante
- ❒ 3. La ciudad secreta
- ❒ 4. Misterio en París
- ❒ 5. El barco fantasma
- ❒ 6. Aventura en Nueva York
- ❒ 7. El tesoro de hielo
- ❒ 8. Náufragos de las estrellas
- ❒ 9. El secreto del castillo escocés
- ❒ 10. El misterio de la muñeca desaparecida
- ❒ 11. En busca del escarabajo azul
- ❒ 12. La esmeralda del príncipe indio
- ❒ 13. Misterio en el Orient Express
- ❒ 14. Misterio entre bambalinas
- ❒ 15. La leyenda de las flores de fuego
- ❒ 16. Misión flamenco
- ❒ 17. Cinco amigas y un león
- ❒ 18. Tras la pista del tulipán negro
- ❒ 19. Una cascada de chocolate
- ❒ 20. Los secretos del Olimpo
- ❒ 21. Amor en la corte de los Zares
- ❒ 22. Una aventura en el Caribe
- ❒ 23. Misterio en Hollywood
- ❒ 24. Acampada en Madagascar

VIDA EN RATFORD

- ❒ 1. Escenas de amor en Ratford
- ❒ 2. El diario secreto de Colette
- ❒ 3. El club de Tea en peligro
- ❒ 4. Reto a paso de danza
- ❒ 5. El proyecto supersecreto
- ❒ 6. Cinco amigas y un musical
- ❒ 7. Camino a la fama
- ❒ 8. ¿Quién se esconde en Ratford?
- ❒ 9. Una misteriosa carta de amor
- ❒ 10. El sueño sobre hielo de Colette
- ❒ 11. Un, dos, tres... ¡se rueda en Ratford!
- ❒ 12. Top model por un día
- ❒ 13. Misión mar limpio
- ❒ 14. El club de las poetisas
- ❒ 15. La receta de la amistad
- ❒ 16. El gran baile con el príncipe
- ❒ 17. El fantasma del Castillo del Halcón
- ❒ 18. Todas podemos ser campeonas
- ❒ 19. Más que amigas... ¡hermanas!
- ❒ 20. Una boda de ensueño

DESTINO

EL ECO DEL ROEDOR

Entrada
Imprenta (aquí se imprimen los libros y los periódicos)
Administración
Redacción (aquí trabajan redactores, diseñadores gráficos, ilustradores)
Despacho de Geronimo Stilton
Jardín

1
2
18
4
9
8
3
12
32
10
11
13
19
45
5
22
15
20
46
17
7
40
24
25
26
28
33
38
27
36
14
16
23
31
37
21
35
29
44
41
30
34
6
39
42
43

RATONIA, LA CIUDAD DE LOS RATONES

1 Zona industrial de Ratonia
2 Fábricas de queso
3 Aeropuerto
4 Radio y televisión
5 Mercado del Queso
6 Mercado del Pescado
7 Ayuntamiento
8 Castillo de Morrofinolis
9 Las siete colinas de Ratonia
10 Estación de Ferrocarril
11 Centro comercial
12 Cine
13 Gimnasio
14 Sala de conciertos
15 Plaza de la Piedra Cantarina
16 Teatro Fetuchini
17 Gran Hotel
18 Hospital
19 Jardín Botánico
20 Bazar de la Pulga Coja
21 Casa de tía Lupa y Benjamín
22 Museo de Arte Moderno
23 Universidad y Biblioteca
24 «La Gaceta del Ratón»
25 «El Eco del Roedor»
26 Casa de Trampita
27 Barrio de la Moda
28 Restaurante El Queso de Oro
29 Centro de Protección del Mar y del Medio Ambiente
30 Capitanía
31 Estadio
32 Campo de golf
33 Piscina
34 Canchas de Tenis
35 Parque de atracciones
36 Casa de Geronimo
37 Barrio de los anticuarios
38 Librería
39 Astilleros
40 Casa de Tea
41 Puerto
42 Faro
43 Estatua de la Libertad
44 Oficina de Metomentodo Quesoso
45 Casa de Patty Spring
46 Casa del abuelo Torcuato

LA ISLA DE LOS RATONES

1 Gran Lago Helado
2 Pico del Pelaje Helado
3 Pico Vayapedazodeglaciar
4 Pico Quetepelasdefrío
5 Ratikistán
6 Transratonia
7 Pico Vampiro
8 Volcán Ratífero
9 Lago Sulfuroso
10 Paso del Gatocansado
11 Pico Apestoso
12 Bosque Oscuro
13 Valle Misterioso
14 Pico Escalofrioso
15 Paso de la Línea de Sombra
16 Roca Tacaña
17 Parque Nacional para la Defensa de la Naturaleza
18 Las Ratoneras Marinas
19 Bosque de los Fósiles
20 Lago Lago
21 Lago Lagolago
22 Lago Lagolagolago
23 Roca Tapioca
24 Castillo Miaumiau
25 Valle de las Secuoyas Gigantes
26 Fuente Fundida
27 Ciénagas sulfurosas
28 Géiser
29 Valle de los Ratones
30 Valle de las Ratas
31 Pantano de los Mosquitos
32 Roca Cabrales
33 Desierto del Ráthara
34 Oasis del Camello Baboso
35 Cumbre Cumbrosa
36 Jungla Negra
37 Río Mosquito
38 Puerto Crostón
39 Puertorratón
40 Puerto Fétido
41 Puerto Asco
42 Ratonkfurt
43 Ratonia
44 Galeón de los Gatos Piratas

1
2
3
4
5
6
7
8
9
10
11
12
13
14
15
16
17
19
20
21
22
23
24
25
26
27
28
29
30
31
32
33
34
35
36
37
38
39
40
41
42
43
44

QUERIDOS AMIGOS Y AMIGAS ROEDORES,
HASTA EL PRÓXIMO LIBRO.
OTRO LIBRO MORROCOTUDO
PALABRA DE STILTON, DE...

Geronimo Stilton